U0048507

vivre

Michel Puech
作者 | 米歇爾・布許

vivre
活著，在相遇中

Olivier Balez
繪者 | 奧立維・巴雷茲

翻譯 | 趙德明

作者

米歇爾．布許 Michel Puech

巴黎索邦大學（Sorbonne Université）文學院教授，正統的哲學教育體系出身，博士論文主題是研究《康德與因果關係》，對於建構一個完整的哲學理論系統有著濃厚興趣。關心的主題甚廣，從 AI 人工智能，企業社會責任、永續發展到軍武……。他希望成人能夠進入哲學思考的社會，在科技、企業、個人和哲學之間找到能肩負起地球和未來永續發展的方法。

繪者

奧立維．巴雷茲 Olivier Balez

畢業於巴黎艾斯提安高等藝術與設計學院（l'école Estienne），1997 年以插畫家的身分出道，作品刊登在《解放報》（Libération）和知名偵探小說《章魚哥》（Le Poulpe）系列。自那時起，一共完成了超過三百本書的封面設計，作品以童書繪本、漫畫和媒體內容插畫為主。其繪製的封面曾獲傳達藝術設計插畫獎（Communication Arts' Award）。作品以揉合了爵士、詩意和犯罪小說的風格為名。

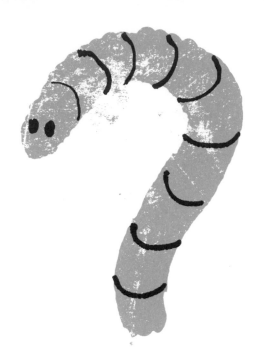

「活著」，到底代表什麼？

活著，絕不只是「死亡」的相反。

生命是一種很特別的現象，也很好辨認。
我們可以很輕易地將身邊的東西區分成兩
大類：有生命的（包括細菌之類的微生物，
儘管肉眼看不到）和沒有生命的（包括電
腦之類的物體，就算可以執行媲美人腦的
複雜工作）。別忘了，記得把自己也歸到
其中一類：

那些活著的生物。

當我們越來越了解生命是什麼，就會越來越覺得生命滿是驚奇。科學家揭露生命的現象，是一連串複雜而奧祕的組合，至今，我們也不過只了解一部分而已。生命的起源和組成，並不是那麼容易觀察，因為這些現象發生在細胞裡。

是細胞在運轉

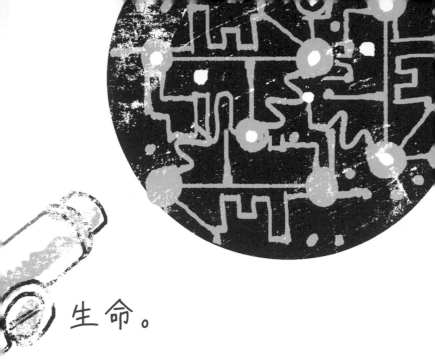

生命。

細胞持續不斷地和周遭交換各種物質、能量和訊息。單一個細胞的運作機制堪比一座大城市，裡面有複雜的生產設施、運輸系統，還有交換訊息和調節的機制。然後，每一個細胞又和其他細胞相互聯結成一個緊密的網路，形成身體的各種器官，最後成為一個完整的生物個體。

在生物的體內，「活著」這種現象仰賴著器官組織的持續運行；而在生物體外也是，每個生物個體同樣需要身處在一個持續不斷運作的組織當中。舉例而言，人類若要「活著」，需要無時無刻存在的氧氣，如果要持續地活下去，則需要更

多必備的東西：水、食物、適合的溫度（不能太冷或太熱）、對抗太陽射線的大氣層等等。值得一提的是，某些生物，例如人類，除了生理需求，還有情感的需求以及和別人建立關係的需要——人類，在生存的方法之外，還需要生存的理由。

為什麼植物會吸取養分和繁殖，為什麼樹會長出果實，而羚羊會吃草？最簡單的解釋，就是想像有一個小小的「靈魂」住在裡頭，巧妙地操縱這一切。當身體受傷，出現一個小傷口的時候，身體做出的反應可以被看作一連串自動而且聰明的行動：「血小板開始聚集迅速止血，大量的白血球趕到傷口的位置，對抗可能入侵身體組織的細菌等等。」當我們剛做好一頓大餐，我們的腸胃「立刻就明白該怎麼做了」，而且他們做得很好──就像蘋果樹會自動長出蘋果一樣。但是，這種解釋有很大的問題，我們都知道這樣的情節是想像出來的。實際上，不管是蘋果樹還是血球們，都沒有決定自己行動的意志，他們並不「知道」或是「想要」去做些什麼……

讓我們重新回到原點。

生活，
要有一個目標，
並根據這個目標，

知道自己要什麼，
以及該怎麼去達成。

對人類來說可能是這樣，但是對一隻蚯蚓或是一棵麵包樹而言，生活老早就是這樣了。每一個活著的細胞、每一株植物或是動物的生命，一直都是按照該有的節奏進行：透過複雜而協調的行為，導向一個目標，例如進食、繁衍、自我修復⋯⋯

當人類意識到，即使是在一株小草當中，都存在著尋找目標並努力達成的能力時，便想像著這樣的能力是由一或是多位神明所安排創造的：如果連一株小草都有著和鐘錶機械一樣複雜的設計，那麼絕對不可能是由小草自己創造出來的機制，應該是由一位「設計師」製作而成。

然而，在十九世紀，一項稱為「達爾文主義」的科學理論找到了另一種解釋，並從那時起開始，不斷調整修正這個理論：大自然創造了生命，是用一種非常緩慢的方式，一種需要歷經數百萬年的演化機制。這個理論肯定了一派偉大的哲學思想，那就是生物不需要「靈魂」也可以活著。

科學越來越清楚地向人們展示，生命如何只靠物質，也就是普通的原子（碳、氮、氧等等）來運作。生命的驚人特質，完全是依靠物質間的排列組合，也就是依據原子間如何運作的方式來決定。

生命就是細胞內
和細胞之間的所有活動
如何安排、進行。

生命
靠這樣的方式傳遞，
每一個新生命的誕生
都是源自於另一個生命。
生命就是一個不間斷
的故事。

生命，從最初的型態開始，就不斷地在繁衍和複製。而在這樣的複製過程中，每個生命將各自的組成型態傳遞下去，也就是說，每種生物的後代都會長得像他們的父母：小貓咪會長得像貓，而不會像狗。他們都會長得像自己的媽媽（還有像鄰居家的貓）。但是，每隻小貓咪彼此之間都不相同，不管是身體上還是心理上，都不一樣。

根據演化論，這些彼此之間的小差異會讓個體在殘酷的自然環境中相互競爭，像是生下來視力比較好的，關節比較柔軟的，或是具有其他優勢的個體，可以在求生和繁衍的競爭中獲得更多的機會。而這些機會，讓優勢個體更能將他們的優勢傳遞給下一代，這些小小優勢的代代累積，足以讓這個物種不斷進化。

這也就是為什麼，在過了幾百萬年之後，貓咪的眼睛即使在黑暗中也能看得清楚，而且具備如此柔軟的關節和身體。

當我們研究細胞的運作方式，例如細菌，還有植物的細胞，接著再研究人類或是大象的細胞，結果發現無論是什麼生物，大家的細胞都是以同樣的材料組成，都是同樣的氨基酸所組合成的蛋白質，並且，也都用同樣的方式傳遞運作，尤其是「基因」這個機制。

我們不僅是住在同一個星球上，

所有生物真的就是
一個大家族：

科學向我們證明，地球上只有一種
生命型態，所有生物彼此之間都有
關聯——回到最初，我們都是同一
批生命形式的後代。

從生命的最初形式開始，往後的故事變得更加驚奇。以細菌來說，細菌的繁殖方式是把自己分裂為二，成為兩個相同的細菌，但如果是這樣，哪一個細菌是媽媽，哪一個又是小孩呢？實在無法說明。森林裡的橡樹也是一樣，就像是家族一樣

經年累月地在森林裡繁衍，最後盤根錯節形成了整片橡樹林，不僅在空間中蔓延擴展，同時也在時間裡延續了古老橡樹的生命。一步一步思考下去，我們可以把生命看作一個超級大家族，裡面包含了所有存在於過去，以及現在的生物個體。

所以，生命

可以看成是一個複雜的整體，

不斷地成長和變化，

延伸遍布整個星球，

隨著時間演化不息。

生命故事隨著時間綿延不斷，對人類而言，我們
的旅程在地球這段獨一無二的故事裡參與演出。
而對地球而言，這段故事演化出人類如此獨特的
生物，特別是能夠複雜思考的大腦。人類所有的
生理需求：對於氧氣和水的需要，對於陽光和溫
暖的渴望，對於性的本能……都讓我們與地球上
的一切緊緊相繫，所有的生命現象自然而然發生。

我們與自然密不可分。

生命的組成並不是什麼神蹟，生命的傳遞也沒有任何玄妙與不可理解之處。那麼，是不是就代表著，生命在宇宙中並沒有什麼稀罕，沒有什麼了不起的價值或是用處？如果我們讓思考停頓在這兒，那就有點可惜了。

無論是透過影像，
繪畫還是電影，
或是各種文字以及音樂、
詩篇、歌唱，
藝術作品讓我們領略情感，
而情感帶領我們思考。
實際上，
正是情感和這樣的思考
教會了我們，

讓我們保有與
這個世界
精神上的聯繫。

當我們終於有辦法放下日常生活的煩惱時（下週的數學考試、氣氛不太妙的家族旅行、手機網路流量用盡等等），才有機會感受到其他型態的生命所帶來的感動。

事情通常就這麼簡單，只要空出了時間，便能欣賞到生命之美。現在大部分的人幾乎都居住在城市裡，不再留心路面上其實也充滿生機（各種花卉、草葉和昆蟲），而不只是鋪滿了柏油；不再記得可以替人遮蔭的高大樹木，只看見貼滿廣告的公車亭；我們想不起來，生活中的背景嘈雜可以是鳥叫，而不是引擎或喇叭聲。

其實就是生命與

如果能夠喚醒感受的能力，我們就能察覺更多周遭的事物、環境，以及生活中的細節，也能感受到其他生命的存在，即便是最低調不張揚的那種，例如樹木。

而我們並沒有意識到，
這樣的感受能力，

生命之間的聯繫。

於是我們察覺到，大自然中其實充滿了各種生命，不同於那些日常生活中我們習慣的、帶來便利的物品。當身處在自然中，會感覺到被一股不尋常的存在吞沒。這種感覺讓人震驚、印象深刻，甚至，有些人會覺得很害怕⋯⋯

大自然裡，滿滿的都是生命！

當身處森林裡，不管是在溪流裡和魚兒一起游泳，或是看著天空中飛過的不知名野鳥，心中都會出現一股強烈的情感。

這種情感，是我們和其他形式生命連結的關鍵。通常我們會以「美」來形容所體驗到的這股情感：奔跑的馬兒、飛翔的鳥、溪流中游曳的魚群，行進有序的螞蟻、參天雄偉的樹木、路旁出奇不意竄出的花朵，都令我們由衷感嘆其美麗。

當然，除非你選擇別過頭，不去看。

生命、活著……

真的很美。

另外一項生命教導我們的情感是「尊敬」，或者，至少是「尊重」的開端。殺死一隻蜘蛛，並不像隨手揉掉一張紙丟進垃圾桶那樣無所謂。就算我們希望趕快弄走蜘蛛，但是同時也會體認到蜘蛛是一條生命。當我們試著把牠殺死的同時，會刻意不去想牠。就像我們在吃肉的時候，也得努力不去想像那塊肉究竟來自哪隻動物。

幸好，漢堡長得不像一頭牛，

食物都已經處理得好好的。

通常，我們不用動手宰殺自己要吃的
動物；如果必須這麼做，我們一定會
感受到強烈的情緒衝擊。

然而，為了延續生命，我們終究得消費生命，哪怕只是植物，這是無可避免的……

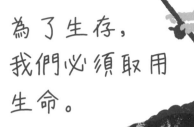

為了生存，
我們必須取用
生命。

雖然人類無法不去消費生命，但我們可以明確地
承擔生命的義務。要記得，「活著」，是一種與地
球上整體生命之間深層的羈絆，一種彼此的交換
與承擔。我們不僅來自於整個生物界，也來自於
它的過去，同時也活在它的當下。隨著我們越來
越清楚地理解這件事，也越來越多人認同，任何
形式的生命都有最起碼的尊嚴，以及繁衍族群的
自然權利。

不過，很明顯地，如果獅子想要活下去並繁衍後代，就必須吃掉羚羊，但這樣對於羚羊的生命和繁衍權利而言，完全不是一件好事。同樣地，羚羊也沒有尊重牠們成天在啃的野草。

但重要的是，生物界的彼此交換會達到一個平衡，最終讓野草、羚羊和獅子都能共同生存。我們始終在生命的巧妙安排之中。一個生物如果想要存活，就必須要奪走其他生物的生命，無論是植物、浮游生物、還是無辜的草食動物。

但是，在自然界中，
為了存活而剝奪其他生命，
只限於生存和繁衍的需要。

獅子不會在籠子裡飼養成千上萬
的羚羊來吃；羚羊也不會用化學
藥劑把和牠們吃同樣植物的昆蟲
全部殺死。

這（大概）就是人類感到
比較可恥的地方。

在這個星球上所有活著的生物當中，只有一種生物，剝奪了太多，遠超過為了生存和發展所需要的生命，那就是人類。人類曾經認為自己才是唯一有價值的生物，甚至覺得，自己就是價值的本身。這不僅僅是傲慢而已，這是一種充滿優越感、無視其他生命的美麗與尊嚴，一種短視、自我毀滅的傲慢。

人類這種生物做了奇怪的選擇，想要支配一切、控制一切、利用一切；然而，這個星球上的生命並不喜歡這種暴力和傲慢。在我們可以想像的最壞情況裡，地球的生命將會集體捨棄人類這種生物，讓人類迎向自己造成的滅絕：光是濫用自然資源，破壞生態體系，人類就將造成地球生物圈的崩潰，最終使自己成為最大的受害者之一。細

菌和蟑螂總能安然度過，然後生命的故事將會重
新開始，揭開下一段沒有人類的故事。

活著，對人類而言的意義，並不像對細菌、植物
或是小老鼠一樣。從生物學上的意義而言，光是
作為自然界的一個物種演化至今，並且意識到「演
化」這件事，人類就有義務好好掌握自己活著的
方式，並且思考自己是否滿意自己的生活。

我們很容易陷入無感，特別是在每天晚上無聊、
滑手機、吃洋芋片的時候。當然，並不是要你為
了那些被切成一片一片油炸的無辜馬鈴薯哭泣，
而是希望大家能思考並且明白，我們的生活其實
是建立在我們從未認真思考過的生理機能上。

一旦理解這件事，我們就必須想得更遠。只要身體沒有什麼太大的健康問題，就可以好好思考生理機能以外的事情。雖然什麼都不去想，會很愉快，但是如果想要維持生命的品質，最好還是要知道所謂「活著」對自己的身體代表什麼意義，對於自己吃下的食物有最基本的認識和理解，並至少付出一些努力，或是盡全力地鍛鍊身體和心靈，建立自我的生態平衡：

試著照顧一個
值得照顧的生物，
那就是「你自己」。

幾乎每個人都會說，應該要愛護樹
木、鳥兒，減少汙染……等等，但
是卻很少人把自己同樣當成應該愛
護的生物來看待。

從這個角度來看，愛護好自己的生命，顯然不止於照顧好自己的身體而已，因為，人類生命的價值不僅限於良好的生理運作。

每個人都一樣，擁有一條命，一個唯有自己經歷過的生命。每個人於生理上，都是獨一無二的生命體，同時，在精神上也都具有獨一無二的意志。人類相較於其他生物，比較特別的是，人類可以透過意志對自己的生命負責，也就是說，人類可以「主導」自己的生命。

這就是人類維持

「自我生態平衡」的起點。

然而，是不是每個人都能主導自己的生命，一直過著自己想要的生活？大概不太可能，因為人們總是傾向去過「放任的生活」。

以消極被動的方法「生活」，就只是在「過活」。

「放任的生活」，在消極被動的意義上，就是指不去努力主導自己的人生，把自己的人生晾在一旁……

過著別人要你過的人生。

讓別人替自己決定自己應該是誰，讓別人替自己選擇自己要成為什麼。當別人替我們決定好目標，告訴我們在「他的生命中」什麼才是重要的，而如果我們照著做，那就不可能會是我們真心想做的事情。

這些「別人」可能是好意的，像是「永遠為孩子好」的父母親，也有可能是惡意的，像是廣告商人或是其他想要操控別人生活的人。

如果人生一路上，都是按照長輩的建議、老師的建議、廣告媒體的建議來過自己的生活，到了三十歲，卻發現身處在一間自己不想要的房子裡、做著不想要的工作、甚至待在自己不想要的家庭裡，生活會變得十分痛苦。

這就是為什麼哲學家會說，真正人
類該有的生活模式應該是：

時時刻刻清醒地活著。

按照自己想要的
方式生活。

保持思考、審視、檢驗自己周遭的人
事物，在各種可能的生活模式以及後
果中不斷調整，找到屬於自己的作法。

我們會覺得，

對人類來說，所謂的「生活」，
比起單純生理上的「活著」多
了一點什麼。

生命需要「意義」。

這個意義，不見得一定要是什麼偉大的壯舉，值得名留青史的行動。我們大可拋開那些虛榮心。活著，只要完成一些簡單的任務，例如發展一項興趣或是才能，不管是喜歡音樂或是運動，不必一定要成為明星，一樣可以找到生命的意義。

又或者，在工作或和孩子相處的過程中，我們悉心維持與重視的人之間的關係，這些日常中的種種瑣事和交流，都可以譜出一段有意義的生命故事，一趟我們不會覺得浪費時間的生命旅程。

哲學上會這樣說：人類不僅能賦予自己「生命意義」，更能賦予自己「生命價值」。所謂價值，不一定要有顯赫的「重要性」，也不必傳達什麼訊息給世人──並不是每個人都要寫偉人傳記。

生命的尊嚴可以透過各種形式維護。首先，所有形式的生命，都不應該在沒有任何理由的情況下，被中斷或阻止其繁衍。為了好玩，拔掉一朵花，不可以；為了吃，摘掉一顆菜，可以。為了提高產量，消滅農田裡所有的昆蟲和其他植物，不可以；但是消滅妨礙植物或動物生長發展的昆蟲或寄生蟲，可以。

然而，當涉及到人類時，生命的尊嚴就有了另一層特別的意義，因為我們可以決定自己的生存態度。

有句古老的諺語這麼說：

人要活著，
便不可失去活著
的理由。

人一旦允許自己失去生命的尊嚴，例如
汲汲營營謀生（或許現代社會很常見），
就會開始毀掉自己的生活。面對咄咄逼
人的老闆，或是客戶的侮辱，如果總覺
得為了謀生，必須接受所有的攻擊，那
我們就失去了活著的理由。

面對一點小侮辱，或是輕微的暴力，當然不會對我們的生命造成危險，但是如果選擇讓自己麻木，不去反應，同樣會一點一滴失去生命的尊嚴。在不斷退讓之下，其實也會逐漸失去我們最初想要「活著的理由」。

極端一點的例子，面對強大壓迫（來自國家、企業、宗教組織、意識形態或是家族……）的權力時，我們要理解，這些事件影響的是人的生命，也就是「活著的尊嚴」。

作為人，必須行動和反抗，才能夠繼續活著──有尊嚴、合乎人性地活著。在強權壓迫下，人們甚至不惜危及自己「生理性」的生命，只為了捍衛自己的「尊嚴」（真正的生命）。當面對危及「真正生命」的事件時，無論選擇回應或是不回應，都將成為生命的故事。

關於「人」的生命故事。

生命隨著時間展開旅程。所有的生物都有自己
的故事，即便是最單純的生物也是如此。每個
生命，在各自的時間點，透過各種形式相遇。

留下行動的軌跡，

留下記憶，

值得一提的是：

「相遇」，讓生命學習。

貓科動物在牠們的毛皮下帶著許多傷疤，
代表牠們曾經學到如何保衛自己。生物體
內的免疫系統，會保存所有遭遇過的微生
物資訊。人類隨著時間學習、改變，同時
也隨著時間創作、發明新的事物。

在過程中建立起
自己的人格個性。

這，

才是隨著時間活著！

生命，

有時間限制，那就是：「直到
死亡為止」。但是，好好地思
考死亡，同時也是好好地理解
活著的方法：理解活著代表的
意思，理解生活的意義，並且
掌握自己的生命。

曾經，有位八十歲的老人去世後，智者這樣說道：「這個人現在死了，卻一點兒也不重要。重要的是，在這之前的八十年之間，他有沒有真正活過。」時間，即使不去管它，也會往前走，但是生活不會。生活不會自己向前邁進，對人類來說，生活需要「主動採取行動」。

「時間」和「努力生活」之間的關係，有時會被人當作是一種「資本」——一種時間的資本或生命的資本，必須要被好好「經營利用」。好好利用年輕歲月去玩樂、去戀愛，去磨練知識技能，等到年老的退休時光，就可以好好地享受天倫之樂……可是，這種「利用時間」的心態，等於是把生命當作金錢來經營投資，並想盡辦法賺更多。這樣的想法是有爭議的。因為，在這樣的觀念之下，人們總是在擔心自己沒有好好利用時間——

「天啊！我要二十歲了，都這麼老了，我卻還沒有⋯⋯」「天啊！都連假最後一天了，我卻還沒有⋯⋯」「天啊！一年又到最後一天了，我卻還沒有⋯⋯」時間流逝的速度遠比金錢來得快多了。

如果，認定人的一生一定要累積某種資本，我們可能會變得很不快樂。為了要確認自己擁有多少資本，於是無時無刻在檢討和比較，拿自己和其他人比較，拿自己的人生和其他人的人生比較，看看哪個比較「有成就」。通常，被拿來比較的都是大眾眼中「上流的」人，那些擁有名牌、財富和權力的人生，和那樣的人生相比，到最後只會落入自卑的情緒。這種「累積資本」想法的錯誤之處，在於把時間和生命當作可量化的數字來計算，而不是把它們當作一種獨一無二、無法度量的內容體驗。

無關乎長短和多寡，時間的內容和生命的體驗才是真正具有價值之處。全心全意活在當下所處的那一刻，「充實地活著」，不過就是這樣而已。

時時刻刻知道
自己在認真生活的人，
就是「生活」
這件事的最佳實踐。

在和喜歡的對象聊天時，在早晨睜開眼睛或是睡前閉上雙眼時，無論是在火車上，還是在海邊⋯⋯任何時刻，用心去體會，專注在當下的那個瞬間。人們習慣說：「享受生命的每分每秒」，但不僅是享受那些美好的時刻而已，就算此刻沒有什麼特別之處，依然可以認真體會。即便是平凡無奇的生活片刻，認真地活在那個當下，單純地「欣賞生活」，這樣就夠了。

「我只想活在當下，享受每一刻。」很不幸地，有時，當我們聽到某人說出這句話，多半是由於那個人得知自己罹患嚴重的疾病。壞消息澈底改變了他的生活；但也因為生命受到威脅，他又重新找到生活的真正意義。生活的真正意義在於是否能盡力去體會生活，是否能關注每個「現在」，並且全心全意地活在其中。

如此一來，我們的心就不會再那麼容易被一層又一層的回憶綁住，也不會再被別人的期待、評價，還有自己的評價、遺憾和希望塞滿。

但為什麼人非要等到看見盡頭，才願意開始真正地活著呢？這樣不是很愚蠢嗎！

用心投入每個當下，努力生活在每一刻的細節裡，並不代表把自己的頭埋在自己的世界裡，只顧自己，只願享受自己時間的自私心態。

其實正好相反……

全心全意生活的人，
才能永遠對自身以外的世界，
敞開心胸和眼界。

當我們無比用心地過生活的時候，才會察覺到生活中自身以外的世界，無論是周遭的風景、事物，不管熟悉或是陌生的地點、人們……

這種全心全意的生命體驗，最強烈又迷人的
莫過是愛了。我們會感受到從今而後的生活
將連結到另一個人的生命，也同時願意將生
命中最深處的一切與之分享。

除此之外，當我們體驗到美，不管是美麗的人、美好的地方或是藝術作品時，同樣會感受到強烈的生命衝擊。在美之中，我們會感覺到，在這迷人的一切與我們之間，存在著一股微妙的聯繫。「活著」這件事，對人類而言，不僅僅是從頭到腳每一處的生理機能都在正常運作而已，而是交織出和其他人、事、物深厚的生命聯繫……

寫下自己的生命故事

　　人類，需要活著的理由。

　　相較於其他生物，人類的特殊之處，是可以透過自由意志來主導自己的生活，為自己的生命負責並且做出選擇。

　　可以選擇讓別人決定自己的生活方式；也可以選擇追求自己想要的生活。而當遇上影響到生活或是衝擊到生命的各種事件時，所做的每個選擇將會構築出那個人的生命故事。

　　每個人，隨著時間展開生命旅程，譜出自己的故事，並在每個時期，透過各種形式與其他生命展開相遇。在相遇的過程裡領略到各種情感，讓自己的生命和其他人、事、物交織。

　　這樣的聯繫與羈絆，讓人找到活著的理由。

　　人活著的理由並不在於自身之內，而是在於自身之外。所謂的認真過生活，指的是「察覺並體會自己以外的世界，感受其他人的生命，也同時願意將自己

的生命與之分享。」對象並不只限於人,而是對整個世界的互相牽掛及關懷。

人類生命的獨特意義也在於此。

作為自然界的一個物種演化至今,已經是一件很了不起的成就了,人類有義務好好掌握自己生命的期限,檢視自己所做的每一個選擇,審視自己的周遭,思考彼此的關聯與後果,找到屬於自己的生活方式。

書裡沒有標準答案。

請全心全意地思考,全心全意地做選擇,全心全意地領略這個世界和各種情感,在各個時期交織出自己與其他人的聯繫和羈絆,永遠對自身以外的世界保持好奇,敞開心胸。

你會寫下自己的生命故事,並且找到自己生命的意義。

獻給下一輪太平盛世的孩子們,還有已經不再是孩子的青少年及大人。

趙德明

國家圖書館出版品預行編目資料

活著，在相遇中/米歇爾.布許(Michel Puech)作；
奧立維.巴雷茲(Olivier Balez)繪；趙德明翻譯. -- 初
版. -- 臺北市：積木文化出版：英屬蓋曼群島商家
庭傳媒股份有限公司城邦分公司發行, 2021.05
　面；　公分
譯自：Vivre
ISBN 978-986-459-303-3(平裝)

1.生命哲學 2.通俗作品

191.91　　　　　　　　　　　　110006517

活著，在相遇中

原文書名　　　Vivre
作　　者　　　米歇爾‧布許（Michel Puech）
繪　　者　　　奧立維‧巴雷茲（Olivier Balez）
譯　　者　　　趙德明

總 編 輯　　　王秀婷
責任編輯　　　李　華
版　　權　　　徐昉驊
行銷業務　　　黃明雪、林佳穎

發 行 人　　　涂玉雲
出　　版　　　積木文化
　　　　　　　104台北市民生東路二段141號5樓
　　　　　　　電話：(02) 2500-7696｜傳真：(02) 2500-1953
　　　　　　　官方部落格：www.cubepress.com.tw
　　　　　　　讀者服務信箱：service_cube@hmg.com.tw
發　　行　　　英屬蓋曼群島商家庭傳媒股份有限公司城邦分公司
　　　　　　　台北市民生東路二段141號2樓
　　　　　　　讀者服務專線：(02)25007718-9｜24小時傳真專線：(02)25001990-1
　　　　　　　服務時間：週一至週五09:30-12:00、13:30-17:00
　　　　　　　郵撥：19863813｜戶名：書虫股份有限公司
　　　　　　　網站：城邦讀書花園｜網址：www.cite.com.tw
香港發行所　　城邦（香港）出版集團有限公司
　　　　　　　香港灣仔駱克道193號東超商業中心1樓
　　　　　　　電話：+852-25086231｜傳真：+852-25789337
　　　　　　　電子信箱：hkcite@biznetvigator.com
馬新發行所　　城邦（馬新）出版集團 Cite（M）Sdn Bhd
　　　　　　　41, Jalan Radin Anum, Bandar Baru Sri Petaling, 57000 Kuala Lumpur, Malaysia.
　　　　　　　電話：(603) 90578822｜傳真：(603) 90576622
　　　　　　　電子信箱：cite@cite.com.my

封面設計　廖韡設計工作室
製版印刷　上晴彩色印刷製版有限公司

城邦讀書花園
www.cite.com.tw

2021年6月3日　初版一刷
售　價／NT$ 360
ISBN　978-986-459-303-3
Printed in Taiwan. 有著作權‧侵害必究

vivre